¡Día de pago!

Antonio Sacre, M.A.

¿Qué es un trabajo?

Las personas hacen muchas cosas.

Cantan y comen.

Se ríen y juegan.

Cuando crecen, pueden tener un trabajo.

Trabajan para ganar dinero.

Salta a la ficción

Las delicias de

Tito

Tito es cocinero.
Le encanta cocinar.
A todos les encantan las
pizzas que hace Tito.
También les gustan sus pastas.
¡Su salsa blanca es perfecta!
Tito recibe su pago todos
los viernes.

Los viernes por la noche
son especiales.
¡Tito compra pizza para todos!
Compra la pizza con dinero de
su sueldo.
Tito se reúne con su familia.
También llegan amigos.
¡Todos se ríen y se divierten!

Vuelve al texto de no ficción →

Día de pago

Las personas reciben un pago por su trabajo.

Ese día se llama *día de pago*.

Los días de pago pueden ser cada día, cada semana o cada mes.

El primer dinero

En el mundo, primero se usaron monedas.
Las monedas tenían dibujos de animales.
Cada moneda tenía un valor diferente.

Decisiones

Las personas deciden qué hacer con
su dinero.
Pueden ahorrarlo.
Pueden gastarlo.

Tipos de dinero

El dinero viene en billetes o en monedas.

Los billetes son de papel.

Las monedas son de metal.

Guardar el dinero

Las personas pueden guardar su dinero en distintos lugares.

Pueden guardarlo en una billetera.

Pueden guardarlo en una alcancía.

Las cuentas de banco

Los bancos guardan el dinero de las personas.
También les prestan dinero.

Las personas pueden guardar su dinero en el banco.
El banco es un lugar seguro.
Las personas pueden sacar el dinero del banco si quieren gastarlo.

Los precios cambian

Cuando tus abuelos eran jóvenes, las cosas costaban mucho menos. Las personas también ganaban menos dinero.

Algunas personas quieren tener
su dinero a mano.
¡Hasta pueden ponerlo debajo
del colchón!

Piensa y habla

¿Qué lugares son seguros para guardar el dinero?

Gastar dinero

Las personas pueden gastar el dinero que ganan.

Pueden comprar cosas que desean o que necesitan.

Las personas necesitan un lugar donde vivir, comida para alimentarse y ropa para vestirse.

Esas cosas cuestan dinero.

Las personas pueden gastar su dinero en esas cosas.

Las personas deciden qué hacer con su dinero.
Tal vez pronto haya otro día de pago.
¡Habrá más decisiones que tomar!

Piensa y habla

¿Qué decides hacer con tu dinero?

Civismo en acción

Las personas a menudo reciben un pago por su trabajo. Pueden producir un bien o brindar un servicio. Con toda la clase, hagan un plan para recibir un pago por un trabajo.

1. Hagan un plan para ganar dinero. Decidan qué venderán o qué harán. Quizá puedan vender bocadillos después de clases. Tal vez puedan vender tarjetas con mensajes de amistad para repartir en la escuela. ¡Hay muchas cosas que pueden hacer!

2. Vendan sus bienes o servicios. Reúnan el dinero. ¡Llegó su día de pago!

3. Con toda la clase, decidan qué harán con el dinero.